Ein wenig angedacht:

Führe mich nicht in Versuchung!

Über den Autor:

Thorsten Haßiepen, Jahrgang 1970, ist
selbständiger Rechtsanwalt in seiner
Heimatstadt Wegberg.

Nachdem er eine zweijährige Ausbildung zum
Prädikanten (ehrenamtlicher Pastor) absolviert
hat, wurde er 2010 in der Evangelischen Kirche
im Rheinland ordiniert.

Er ist verheiratet und Vater von drei Kindern.

Thorsten Haßiepen

Ein wenig angedacht:

Führe mich nicht in Versuchung!

tsh

Thorsten Haßiepen

Ein wenig angedacht:
Führe mich nicht in Versuchung!

Bibliografische Information der Deutschen Bibliothek
Die Deutsche Bibliothek verzeichnet diese Publikation
in der Deutschen Nationalbibliographie;
detaillierte bibliografische Daten sind im Internet
über http://dnb.ddb.de abrufbar.

ISBN: 978-3-8482-0643-8

© 2012 Thorsten Haßiepen, Wegberg, Az. 178/05, **tsh**

Umschlaggestaltung und Grafiken:
Stefanie Haßiepen - haßiepenDesign - www.hassiepen-design.de

Umschlagbild:
Stefanie Haßiepen

Herstellung & Verlag:
Books on Demand GmbH, Norderstedt

Für

Matthias,

Emma

und Greta

Inhaltsverzeichnis

Das Vorwort

Was schreibt denn da ein Jurist über theologische Themen? Kann das denn gutgehen?

In der Tat kann man sich schnell fragen, wie es sein kann, dass ein Jurist gleichzeitig ein ordinierter Prädikant (ehrenamtlicher Pastor) ist. Schließen sich doch rechtliche Belange und Fragen des Glaubens auf den ersten Blick aus.

Schaut man aber schon in unser Grundgesetz, findet man in dem ersten Satz den Bezug auf Gott und die Feststellung, dass zumindest die deutsche Verfassung »in Verantwortung vor Gott« entstanden ist.

Theologie und Rechtswissenschaft ergänzen sich in der Tat. Vieles ist eine Glaubensfrage.

Vieles ist Ansichtssache. Wertesysteme werden auch durch deren religiöse Herkunft geprägt.

Dies wird nicht nur deutlich, wenn vor Gericht gerufen wird: »Das schwöre ich bei Gott!«, sondern auch in den vielen Fragen des Alltäglichen, bei denen wir uns fragen, was denn nun »Recht« ist, was »richtig« ist.

So darf ich Sie einladen, mich auf der Suche zu begleiten. Die Rechtswissenschaft sucht nach der Gerechtigkeit, die Theologie nach der einen Wahrheit. Beide Ziele umschließen sich, gehen nicht ohne das jeweils andere.

Lesen Sie dieses Buch und lassen es auf sich wirken. Lesen Sie es in Ruhe, ohne Eile, wenn Sie hierfür Muße haben.

Sie werden spüren, wie die Liebe Gottes tatsächlich wahrnehmbar ist ... meistens auf eine Art und Weise, wo und wie wir sie eben überhaupt nicht erwarten ... in dem ganz normalen Alltag.

Das ist das Geheimnis. Wir leben nicht auf einer Insel in unserer kleinen Welt. Wir Menschen sind miteinander verbunden, gehören zueinander, stützen und ergänzen uns...

Wegberg, im April 2012

Thorsten Haßiepen

»Ein wenig angedacht«

Die Bücher der Reihe »Ein wenig angedacht« sind kurze Einheiten, sozusagen Gedankensplitter, welche sich auf ein bestimmtes Thema in Kürze konzentrieren.

Anhand einer kleinen Bibelstelle, welche auch Grundlage für eine Predigt gewesen ist oder noch sein kann, sollen ein paar kurze Gedanken ausgeführt werden, die helfen sollen, das Thema von einer vielleicht anderen und neuen Seite zu beleuchten.

Wir bekommen immer wieder Ratgeber, Seminare, Lehren und Glaubenssätze angeboten, gar angepriesen, die für sich das Recht in Anspruch nehmen, sie seien die einzig wahren und heilsbringenden

Möglichkeiten, ein erfülltes Leben zu erreichen.

Dem widerspreche ich entschieden. Es gibt nicht die *Eine* Lehre, den *Einen* Glauben, die *Eine* Weltanschauung.

Menschen sind unterschiedlich. Sie leben in unterschiedlichsten, teils über Jahrtausende gewachsenen Kulturen. Jedem ist die eigene Kultur die Nächste.

Viel Leid, Tod, Kriege, Auseinandersetzungen haben solche Absolutheitsansprüche in unsere Welt gebracht.

Die Bücher dieser Reihe »Ein wenig angedacht« stellen eben keinen Absolutheitsanspruch auf. Sie möchten nur den Gedanken von Ihnen, verehrte Leserinnen und Leser, einen kleinen Schubs geben, um vielleicht auch einmal in eine andere Richtung zu schauen, die wir noch nicht gewohnt sind.

Sie sollen das Thema auch nicht in alle Winkel und Ecken ausleuchten, sondern vielmehr eine »Andacht« sein, die wir dann gemeinsam oder für uns selbst weiter entwickeln können ... in unseren ganz persönlichen Gedanken...

Und so mögen uns diese Gedanken dazu bringen, uns einander zu nähern, die Hände zu reichen, Frieden zu schaffen und zu halten, über Familien, Länder und Glaubensgrenzen hinweg.

Nun aber darf ich Ihnen wünschen, dass Sie sich ein wenig Ruhe nehmen, in Ihren Lieblingssessel setzen und die Worte ungestört und in Ruhe auf sich wirken lassen mögen.

Legen Sie das Buch nach der Lektüre nicht sofort weg, sondern halten Sie es noch einige Zeit in den Händen, betrachten Sie es und fühlen Sie, wie es sich halten lässt.

Lassen Sie aufkommende Gedanken durch Ihren Kopf ziehen und lassen sich ein wenig überraschen über die Wege, die diese Gedanken manchmal gehen können.

Ich wünsche Ihnen, dass Sie die verstreichende Zeit genießen können und interessante Begegnungen in der jetzt beginnenden Lektüre...

Der Bibeltext

Matthäus, Kapitel 4, Verse 1 bis 11
(Luther 1912):

>*Da ward Jesus vom Geist in die Wüste geführt, auf daß er von dem Teufel versucht würde.*

>*Und da er vierzig Tage und vierzig Nächte gefastet hatte, hungerte ihn.*

>*Und der Versucher trat zu ihm und sprach: Bist du Gottes Sohn, so sprich, daß diese Steine Brot werden.*

>*Und er antwortete und sprach: Es steht geschrieben: „Der Mensch lebt nicht vom Brot allein, sondern von einem jeglichen Wort, das durch den Mund Gottes geht."*

17

Da führte ihn der Teufel mit sich in die Heilige Stadt und stellte ihn auf die Zinne des Tempels und sprach zu ihm: Bist du Gottes Sohn, so laß dich hinab; denn es steht geschrieben: Er wird seinen Engeln über dir Befehl tun, und sie werden dich auf Händen tragen, auf daß du deinen Fuß nicht an einen Stein stoßest.

Da sprach Jesus zu ihm: Wiederum steht auch geschrieben: „Du sollst Gott, deinen Herrn, nicht versuchen."

Wiederum führte ihn der Teufel mit sich auf einen sehr hohen Berg und zeigte ihm alle Reiche der Welt und ihre Herrlichkeit und sprach zu ihm: Das alles will ich dir geben, so du niederfällst und mich anbetest.

Da sprach Jesus zu ihm: Hebe dich weg von mir Satan! denn es steht geschrieben: „Du sollst anbeten Gott, deinen Herrn, und ihm allein dienen."

Da verließ ihn der Teufel; und siehe, da traten die Engel zu ihm und dienten ihm.«

Führe mich nicht in Versuchung!

Die drei Versuchungen des Teufels für Jesus Christus umschreiben ein Thema, welches uns Tag ein, Tag aus beschäftigt:

»Versuchung!«

Täglich werden auch wir, wie seinerzeit Jesus in der Wüste, Versuchungen ausgesetzt und ständig kämpfen wir dagegen an. Auch wenn wir wissen, dass es meist etwas ist, was wir irgendwann einmal bereuen, unterliegen wir oft unseren Versuchungen.

Zwei wunderbare Zitate, die dies umschreiben sind von Giovanni Guareschi, dem Schöpfer von »Don Camillo und Pepone«, der da sagte:

> »Manch einer, der vor der Versuchung flieht, hofft doch heimlich, dass sie ihn einholt.«

Ein weiteres Zitat stammt von Ernst R. Hauschka, einem deutschen Lyriker, bekannt wegen seiner philosophischen Gedankensplitter, welcher ausführte:

> »Versuchungen sind wie eine Stechmückenplage. Während wir eine erschlagen, sind tausend andere da.«

Wenden wir uns aber zunächst einmal der Frage zu, was eine Versuchung überhaupt ist.

Da heißt es im Lexikon bei Wikipedia:

>»Eine Versuchung ist der Anreiz oder
>die Verleitung zu einer Handlung, die
>reizvoll erscheint, jedoch verboten oder
>unzweckmäßig ist. Sie kann sich auf
>alle denkbaren Arten von Handlungen
>beziehen. Auch Tiere können in
>Versuchung geführt werden, wenn sie
>z. B. eine Nahrung trotz unangemessen
>großer Gefahr zu ergattern versuchen.
>
>Die begangene Handlung löst
>anschließend meist Reue und
>Schuldgefühle aus.«

(Quelle: http://de.wikipedia.org/wiki/Versuchung, Stand 03.04.2012)

Nach dieser Definition also sind wir in der Tat jeden Tag tausenden und abertausenden kleinen und großen Versuchungen ausgesetzt.

Sei es das kleine Stückchen Schokolade, das uns so lecker von dem Teller anlächelt.

Sei es die gerade auf gelb umspringende Ampel, die doch eigentlich gebietet, nun anzuhalten ... doch es sieht ja keiner.

Sei es der Satz »noch fünf Minuten«, den wir so geschickt einsetzen, dass daraus gut und gerne schon einmal eine halbe Stunde oder mehr wird ... Kinder können das ja so gut...

Sei es das Geschäft, von dem wir wissen, dass es unrecht ist, aber der Verdienst uns so freundlich zuwinkt und herbeiruft.

Sei es die Notlüge, mit der wir etwas vertuschen wollen, von dem wir wissen, dass wir dafür geradestehen müssten.

Es gibt so viele Beispiele.

Jeder kennt sie ... und wohl jeder hat sie irgendwie schon einmal ... na ja, sagen wir mal so ... erlebt...

Versuchungen erkennt man, wenn man sie sieht.

Das Erstaunliche an Versuchungen ist -und das steht gar nicht in der Definition aus dem Lexikon-, dass wir bei Versuchungen von Anfang an ein Bauchgefühl haben, dass es eigentlich nicht richtig ist.

Seien es die bereits genannten Beispiele oder seien es die vielen weiteren Dinge, die uns bei dem Gedanken an »Versuchung« in den Kopf kommen.

Wir wissen bereits *vor* der Entscheidung: »Der Versuchung nachzugeben ... ist falsch!«

Vielleicht benötigen wir gar keine moralische, theologische, rechtliche oder sonst wie geartete Instanz, um uns das zu sagen. Wir wissen es einfach.

Es ist uns eben »in die Wiege gelegt«. Wir glauben daran! Hierzu aber später mehr...

»Doch was können wir tun?«, fragen wir uns jedesmal, wenn uns eine Versuchung anlockt, unsere Nase umstreichelt und wir den leckeren Duft des Kuchens riechen, von dem wir wissen, dass er die Pfunde an uns aufstockt, wenn wir die nächste Ausrede uns ausdenken, nur um nicht zugeben zu müssen: »Da hab' ich wohl einen Fehler gemacht«?

Was können wir tun?

Vielleicht ist es ja, wie Oscar Wilde es sagte:

»Der einzige Weg, eine Versuchung
loszuwerden, ist ... ihr nachzugeben.«

Der Gleiche meinte übrigens auch:

»Versuchungen soll man nachgeben, wer
weiß, ob sie wiederkommen!«

Hm ... ich denke, das sagt uns Einiges über
die Willensstärke jenes Menschen.

Vielleicht hilft aber auch die einfache Feigheit.
So meinte Mark Twain:

»Feigheit ist der wirksamste Schutz
gegen die Versuchung.«

Und er fügte erkennend hinzu:

»Versuchungen sind wie Vagabunden.
Wenn man sie freundlich behandelt,

kommen sie wieder und bringen andere mit.«

Also, was ist der beste Weg, Versuchungen nicht zu erliegen?

Die Logik kann es nicht sein, denn wie ich schon ausführte, wissen wir schon vorher, dass es falsch ist, der Versuchung nachzugeben.

Zu viele Emotionen, Gefühle ... da kann sich die Logik nicht durchsetzen...

Vielleicht ist es das Beste, wir kehren einfach noch einmal zu dem Bibeltext zurück.

Der Teufel führt hier Jesus gleich dreifach in Versuchung.

Zunächst will er ihn locken, den Hunger dieser Erde zu stillen, indem er Steinen befehlen soll, zu Brot zu werden.

Welch' eine Versuchung für eine Person, die Gutes für diese Welt will. Was ist tragischer und widerspricht dem Glauben an einen guten Gott mehr, als der Hunger der Menschheit, damals wie heute?

Dann versucht er Jesus darin, die Bibel auf seine eigene Weise auszulegen, indem Jesus sich hinabstürzen soll und von Gott persönlich gerettet werden soll.

Der Teufel tritt hier also als Theologe auf, indem er die Schrift interpretiert, denn er zitiert zu seiner Versuchung den Bibeltext:

> *»Er wird seinen Engeln über dir Befehl tun, und sie werden dich auf Händen tragen, auf daß du deinen Fuß nicht an einen Stein stoßest.«*

Ja, da kommt einem der Gedanke, dass die Auslegung der Bibel zu oft in unserer Menschheit eine zu große Versuchung mit all' ihren schlimmen Folgen war. Aber das nur am Rande.

Letztlich versucht der Teufel Jesus damit, dass er ihm das Weltkönigtum anbieten und ihm alles geben will, wenn Jesus sich vor dem Teufel niederwirft und ihn anbetet.

Auch hier stellt sich für den geneigten Leser die Frage, ob der Teufel überhaupt alles anbieten kann, wo ihm doch so wenig gehört. Aber das ist jetzt nicht Gegenstand unserer Gedanken.

Jesus wird also als Mensch, der Gutes tun will, als Mensch, dem alles gehören könnte und auch als Gottes Sohn versucht. Natürlich ist es auch so, dass hier der Teufel letztlich nicht nur Jesus versucht, sondern schließlich

Gott selbst versuchen will, indem er diesen durch Jesus zwingen möchte, seine Versprechen einzuhalten und Jesus zu schützen.

Doch etwas ist sehr wichtig:

Jesus wird nur »versucht«!

Jesus wird *nicht* »verführt«!

Jesus widersteht den Versuchungen, die wohl sinnbildlich für alles stehen, was viele Menschen sich für ihr Ansehen nur erträumen: Wohltäter, Herrscher und dazu unverletzlich!

Wie nur schafft er es, zu widerstehen?

Jesus macht etwas sehr Erstaunliches in seinen Reaktionen. Er diskutiert nicht, er lässt es einfach bleiben.

Zwar hält er jedem Spruch des Teufels ein eigenes Zitat entgegen. Doch er begründet es nicht.

Er lässt es einfach für sich selbst reden. Er akzeptiert es als richtig. Er weiß, dass es nur so funktioniert.

Und er handelt danach.

Einfachheit ist sein Konzept. Die Sache wird nicht bis ins Detail mit dem Teufel diskutiert. Es werden keine endlosen Argumente ausgetauscht. Jesus rechtfertigt sich nicht einmal.

Er sagt nur, im Übertragenen: »Nein, denn es steht auch geschrieben, dass es anders ist.«

Hier können wir uns wiederfinden.

Wie oft finden wir uns in Rechtfertigungen,
wenn wir Versuchungen erlegen sind?

Wie oft wollen wir es im Nachhinein richten,
wenn es schief gegangen ist, obwohl wir
wussten, was auf uns zukommt.

Es ist so einfach: »Sag einfach *Nein*.«

Keine Diskussionen. Keine langen Gedanken
der Rechtfertigung vor sich selbst. Einfach nur
wissen. Einfach nur sein.

Fest sein! Stark sein!

Aber immer wieder haben wir doch gesagt
bekommen, dass gerade das gar nicht so
einfach ist.

33

»Ein starker Wille braucht Kraft«, heißt es da.

Und da mag es doch so viel einfacher erscheinen, uns kraftlos und damit willenlos zu stellen. Mögen wir uns einfach treiben lassen, irgendwer fängt uns schon auf.

Doch auch hier wagen wir einen Blick auf Jesus.

Braucht es so viel Kraft zu sagen: »Das mag ja richtig sein, aber richtig ist auch etwas anderes.«

Für jede Versuchung gibt es letztlich eine Gegenversuchung, das »Richtige«. Diese erscheint uns oft so viel schwerer.

Doch wenn wir uns einfach einmal auf den Kopf stellen und denken, wenn der falsche Weg der »normale Weg« wäre und alles Richtige eine »Versuchung« und wir gäben dann der Versuchung nach...

Wie sehr brächte das unsere Gedanken auf Trab und verwirrte uns im ersten Moment?

Doch schnell erkennen wir, dass eine solche »Versuchung« dann keine »Versuchung« mehr wäre. Sie wäre »einfach richtig«.

Eine Versuchung ist, als *ver*fahre man sich im Dschungel der Großstadt. Man fährt nicht, sondern hat sich *ver*fahren. Man sucht eben nicht, sondern hat sich *ver*sucht.

Wie schön ist das Gefühl, wenn man den richtigen Weg auf Anhieb findet. Man mag nicht so viele Geschichten über seine Abenteuer erzählen können ... aber man kann so viel mehr Zeit mit dem und denen verbringen, was und wer einem wirklich wichtig ist.

Also, lassen sie es uns einfach machen.

Seien wir diejenigen, die dem, was wir glauben, einfach folgen.

Wenn eine Versuchung kommt, denken wir nicht lange nach. Schauen wir uns die beiden Möglichkeiten an ... und entscheiden uns für die, die uns -meist auf Anhieb- besser passt, ohne dass wir uns rechtfertigen müssen.

Meist ist das die richtige Möglichkeit, denn denken wir daran: »Das Gute braucht keine Rechtfertigung!«

Und mit einer guten Portion Glauben und dem Wissen, dass Gott über uns wacht und uns begleitet, ist uns genau diese richtige Entscheidung eigentlich immer in die Wiege gelegt.

Wir müssen es einfach nur geschehen lassen.

Wenn wir uns nicht mehr rechtfertigen müssen, sondern wissen, dass es gut vor Gott ist...

...dann erliegen wir auch nicht mehr der Versuchung!

Noch etwas: Die Bücher

Erlauben Sie mir noch eine Anmerkung zu den Büchern dieser Reihe »Ein wenig angedacht«.

Sicherlich haben Sie bemerkt, dass die Bücher relativ dünn und in einer großen Schriftart gedruckt sind.

Dies ist so gewollt.

Die Bücher sollen einen Anreiz geben, sie in überschaubarer Zeit durchzulesen.

Gleichzeitig möchte ich auch denjenigen Leserinnen und Lesern die Möglichkeit geben, die Zeilen mit Interesse zu lesen, wenn sie nicht oder nur eingeschränkt über eine ausreichende Sehkraft verfügen.

Eine große Schriftart und komprimierter Inhalt, der sich auf das Wesentliche beschränkt, dienen beiden Zielen.

Vielleicht wird es auch einmal umfassendere Bände der Reihe geben. Dem Wesen nach aber will ich einen Grundstein für Gedanken legen und diese nicht in alle Verästelungen hinein auslegen.

Der Sinn der Bücherreihe sind wachsende Gedanken ... hin zum Guten. Es kann aber nur das wachsen, was nicht eingeschränkt oder begrenzt wird.

Und daher sind die Bücher dieser Reihe dünn und mit großer Schriftart...

Und sonst... ?

Hier finden Sie eine Übersicht der bereits
erschienenen Bände der Reihen

»Ein wenig angedacht«

und

»Worauf es ankommt«.

Gerne kann ich Sie auch über die
Neuerscheinungen informieren, wenn Sie mir
entweder einen Brief mit Ihrer Adresse
zusenden oder sich in den Newsletter auf der
Internetseite eintragen:

www.ein-wenig-angedacht.de

41

Aus der Reihe »Ein wenig angedacht«:

Band 1:

Darum prüfe, wer sich ewig bindet!

ISBN: 978-3-8423-7792-9

Wir Menschen sind füreinander geschaffen. Für jeden gibt es einen anderen Menschen, der oder die zu ihm passt. Die Suche ist manchmal schwierig ... aber sie lohnt sich!

Band 2:

In guten wie in schlechten Zeiten!

ISBN: 978-3-8423-8065-3

Wir gehen jeden Tag Bündnisse mit anderen Menschen ein, in allen Bereichen unseres Lebens. Diese Bündnisse gelten in guten wie in schlechten Zeiten ... und müssen gepflegt werden.

Band 3:

1, 2, 3 ... Ich komme!
ISBN: 978-3-8482-0641-4

Der Mensch ist, wer er ist. Wir
brauchen uns nicht zu verstecken.
Vielmehr sollten wir zu unseren
Idealen und unseren Fehler stehen
und für gute Werte auch Position
beziehen.

Band 4:

Führe mich nicht in Versuchung!
ISBN: 978-3-8482-0643-8

Versuchungen warten hinter jeder
Ecke. Es erscheint so schwer, ihnen
widerstehen zu können ... doch mit
ein wenig Mut und der richtigen
Einstellung ist es leichter, als gedacht...

43

Aus der Reihe »Worauf es ankommt«:

Band 1:
Die Zwei
...hier beginnt Gemeinde
ISBN: 978-3-8423-6224-6

Zwei Menschen, die sich begegnen ...
das ist der Schlüssel für das
menschliche Miteinander ... und da
beginnt Gemeinde.

Band 2:
Die Ernte
...was man sät...
ISBN: 978-3-8423-6412-7

»Wie man in den Wald hineinruft...«
»Was man sät...«
Ein lebhaftes Plädoyer für ein
Innehalten und Überdenken der
eigenen Worte und Taten.

Band 3:
Das Licht
...glänzend und allumfassend
ISBN: 978-3-8423-6416-5

Licht ist unser Lebenselixier. Ob das
tatsächliche Licht oder Licht im
übertragenen Sinn ... wir können
sehen, wo wir gebraucht werden.

Ebenfalls erschienen:

Thorsten Haßiepen (Hrsg.)
Das Bibel Taschenbuch
ISBN: 978-3-8334-6701-1

Ein Begleiter für jeden Tag.
Bibelverse geordnet nach
Stichworten und somit auffindbar
dann, wenn man nach ihnen sucht...

Weitere Informationen

Weitere Informationen zu dem Projekt
»Ein wenig angedacht« im Internet:
www.ein-wenig-angedacht.de

Weitere Informationen zu dem Projekt
»Worauf es ankommt« im Internet:
www.worauf-es-ankommt.info

Wöchentliche Andachten des Autors:
www.wochenandachten.de

Alle Bücher sind als Druckversion
und als eBook's erhältlich.

Gott segnet Dich und behütet Dich.

Er lässt sein Angesicht leuchten über Dir
und ist Dir gnädig.

Er hebt sein Angesicht über Dich
und gibt Dir seinen Frieden.

Amen.